Texto © Luiz Eduardo Anelli e Fábio Ramos Dias de Andrade, 2024

Ilustrações © Ana Kozuki, 2024

DIREÇÃO EDITORIAL: Maristela Petrili de Almeida Leite
COORDENAÇÃO DE EDIÇÃO DE TEXTO: Marília Mendes
EDIÇÃO DE TEXTO: Giovanna Di Stasi, Lisabeth Bansi
COORDENAÇÃO DE EDIÇÃO DE ARTE: Camila Fiorenza
EDIÇÃO DE ARTE: Michele Figueredo
ILUSTRAÇÕES DE CAPA E MIOLO: Ana Kozuki, Caio Cardoso
PROJETO GRÁFICO E DIAGRAMAÇÃO: Caio Cardoso
COORDENAÇÃO DE ICONOGRAFIA: Luciano Baneza Gabarron
PESQUISA ICONOGRÁFICA: Márcia Mendonça, Carol Böck
COORDENAÇÃO DE REVISÃO: Rafael Gustavo Spigel
REVISÃO: Nair Hitomi Kayo
COORDENAÇÃO DE BUREAU: Everton L. de Oliveira
PRÉ-IMPRESSÃO: Ricardo Rodrigues, Vitória Sousa
PRODUÇÃO INDUSTRIAL: Wendell Monteiro (Gerência), Gisely Iácono (coordenação), Fernanda Dias, Renee Figueiredo, Silas Oliveira, Vanessa Siegl (produção), Cristiane de Araújo, Eduardo de Souza, Tatiane B. Dias (PCP)
IMPRESSÃO E ACABAMENTO: A.S. Pereira Gráfica e Editora EIRELI
LOTE: 797407 - Código 120009366

Dados Internacionais de Catalogação na Publicação (CIP)
(Câmara Brasileira do Livro, SP, Brasil)

Anelli, Luiz Eduardo
   Almanaque da Terra e da vida / Luiz Eduardo Anelli, Fábio Ramos Dias de Andrade ; ilustrações de Ana Kozuki. - 1. ed. - São Paulo : Santillana Educação, 2024.

   ISBN 978-85-527-2919-8

   1. Almanaques 2. Planeta Terra I. Andrade, Fábio Ramos Dias de. II. Kozuki, Ana. III. Título.

24-2108871   CDD-030

Índice para catálogo sistemático:
1. Almanaques 030

Cibele Maria Dias - Bibliotecária - CRB-8/9427

REPRODUÇÃO PROIBIDA. ART. 184 DO CÓDIGO PENAL E LEI Nº 9.610, DE 19 DE FEVEREIRO DE 1998.

Todos os direitos reservados

EDITORA MODERNA LTDA.
Rua Padre Adelino, 758 - Quarta Parada
São Paulo - SP - Brasil - CEP 03303-904
Vendas e Atendimento: Tel. (11) 2790-1300
www.moderna.com.br
2024

Impresso no Brasil

Luiz Eduardo Anelli
Fábio Ramos Dias de Andrade

ALMANAQUE DA TERRA E DA VIDA

ilustrações de
Ana Kozuki

1ª edição
2024

Sumário

Era uma vez, há 13,8 bilhões de anos..., **8**
Big Bang, a grande expansão, **10**
A origem dos elementos químicos, **12**
Caminho de leite, **14**
Não falta energia!, **16**
Dá até para cozinhar!, **18**
Uma família no espaço, **20**
Existem alienígenas?, **22**
Vida microscópica, **24**
A Terra, **26**
Densidade, **28**
Um planeta vivo?, **30**
Uma pequena erupção de bagunça, **32**
Via satélite, **34**
Infância agitada, **36**
Terra, berçário da vida, **38**
Chuva de rochas, **40**
Rochas bacterianas, **42**
Gigantes em movimento, **44**
Oxigenação, **46**
A Terra bola de neve, **48**

A árvore da vida, **50**
Os misteriosos seres ediacaranos, **52**
A explosão Cambriana, **54**
Terra firme, **56**
As primeiras florestas, **58**
Um novo mundo oxigenado, **60**
Carvão mineral, **62**
Grandes extinções, **64**
Uma cratera no Brasil, **66**
A era Mesozoica e a vida em expansão, **68**
Dinossauros emplumados, **70**
Chegou a vez dos mamíferos, **72**
A grande troca de faunas, **74**
Primos primatas, **76**
Homem primata, **78**
Homo viajantis, **80**
Humanos, uma nova força geológica: o Antropoceno, **82**
Uma herança universal, **83**
Sobre os autores, **85**
Sobre a ilustradora, **86**

Era uma vez, há 13,8 bilhões de anos...

Assim como organizamos nosso tempo em meses, semanas, dias e horas, a história do planeta Terra e da vida terrestre tem seu próprio calendário. Os cientistas organizam em **éons**, **eras**, **períodos** e **épocas** o que aconteceu nos bilhões de anos passados desde a origem da Terra, dos primeiros animais, até os dias de hoje.

Veja alguns acontecimentos dessa longa história que você encontrará descritos em detalhes neste livro. Não se esqueça de anotar os eventos que você acha importantes para criar, ao final da leitura do livro, a *sua* linha do tempo da Terra e do Universo!

Primeiros mamíferos
225 milhões de anos

Primeiros peixes
500 milhões de anos

Primeiras bactérias e arqueas
4,1 a 3,8 bilhões de anos

ERA PALEOZOICA

Primeiros an
700 milhões d

Big Bang
13,8 bilhões de anos

Formação da Terra e Sistema Solar
4,6 bilhões de anos

Surgimento da vida
4,3 a 4,1 bilhões de anos

Primeiros oceanos
4,4 bilhões de anos

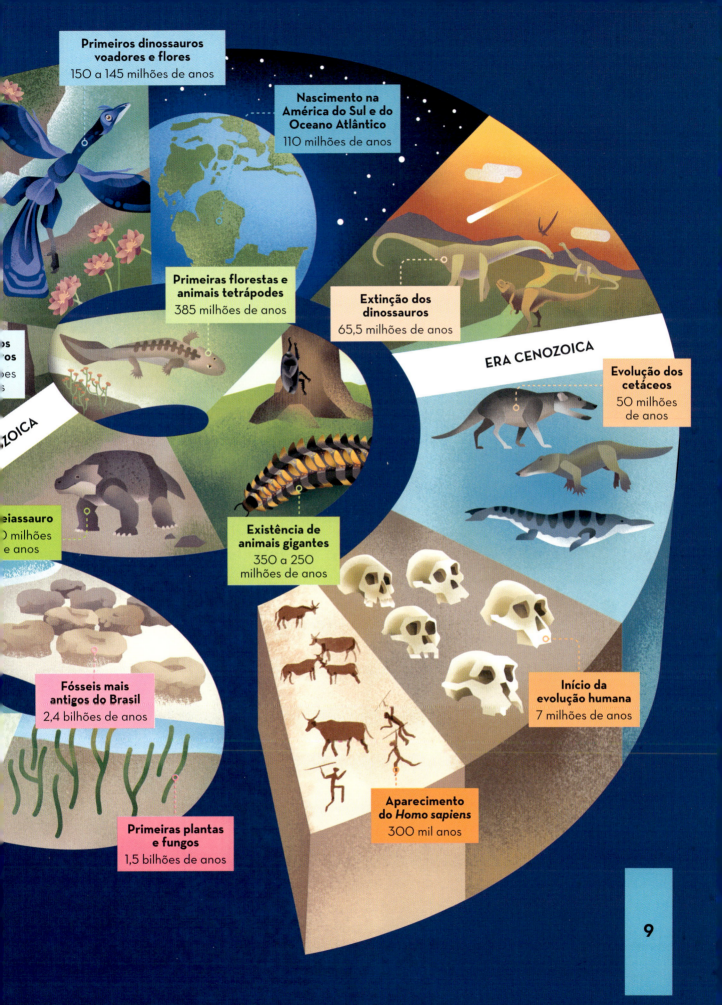

Big Bang, a grande expansão

O Big Bang foi o grande evento de expansão que marcou o início do Universo, há 13,8 bilhões de anos, quando foi formada toda a matéria, a energia, o tempo e o espaço. Muita coisa aconteceu desde o Big Bang, para que o Sol, a Terra, a Lua, os outros planetas e seus satélites naturais pudessem se formar.

Hubble

O astrônomo americano **Edwin Hubble** observou, na década de 1920, que o Universo está em expansão. Sua descoberta foi importante para a elaboração da Teoria do Big Bang. Em 1990, a NASA lançou ao espaço o telescópio espacial Hubble, assim chamado em sua homenagem. A bordo de um satélite artificial, este telescópio tem ajudado a desvendar muitos mistérios do Universo.

© NASA

© BIBLIOTECA HUNTINGTON, SAN MARINO

Surgimento da luz
Os primeiros átomos se formam
380 mil anos

Primeiros núcleos
Hélio e hidrogênio se formam
3 minutos

Primeiras partículas
Nêutrons, prótons e elétrons se formam
1 microssegundo

Inflação
Expansão inicial
10^{-32} segundos

Big Bang
0

LINHA DO TEMPO

BIG BANG

13,8 bilhões

| ANOS | 13 bilhões | 12 bilhões | 11 bilhões | 10 bilhões | 9 bilhões |

A origem dos elementos químicos

Os primeiros elementos químicos formados no Big Bang foram o hidrogênio (H) e o hélio (He). Eles são os elementos mais leves e mais abundantes do Universo e constituem quase toda a matéria das estrelas que vemos no céu. No núcleo das estrelas, esses dois elementos são os combustíveis iniciais para a produção de elementos químicos cada vez mais pesados, como o carbono (C), o oxigênio (O), o silício (Si) e o ferro (Fe).

Para produzir elementos químicos mais pesados que o ferro, é preciso uma quantidade enorme de energia, de uma magnitude que só existe nas **supernovas**, as grandes explosões que acontecem no fim da vida das estrelas gigantes. As supernovas espalham pelo Universo elementos leves como carbono (C), nitrogênio (N) e oxigênio (O), e elementos pesados como ouro (Au), bário (Ba) e urânio (U) em nuvens de gás e poeira chamadas **nebulosas**. Quando o material das nebulosas se condensa, são criadas novas estrelas e planetas, como os do Sistema Solar.

LINHA DO TEMPO

BIG BANG
13,8 bilhões

 Formação de hélio e hidrogênio
13,5 bilhões

ANOS | 13 bilhões | 12 bilhões | 11 bilhões | 10 bilhões | 9 bilhões | 8 bilhões

Um berçário de estrelas!

Você aprendeu aqui que as estrelas nascem em nebulosas. Na primavera e no verão no hemisfério sul, é possível observar a nebulosa das **Plêiades**. Numa noite de céu estrelado e bem limpo, localize as três estrelas conhecidas como Três Marias; elas fazem parte da constelação de Órion.

Seguindo este mapa, você vai encontrar as Plêiades e poderá observar um berçário de estrelas em uma nebulosa ativa. Se você puder, use um telescópio ou um binóculo. Boa observação!

Átomos e elementos químicos

O filósofo grego **Demócrito** (460 a.C.–370 a.C.) dizia que tudo é feito de "átomos e de vazio". Desde então, a ciência descobriu que os **átomos** são feitos de minúsculas partículas, os **elétrons**, **prótons** e **nêutrons**. Um **elemento químico** é uma substância pura composta por apenas um tipo de átomo, ou seja, átomos que têm o mesmo número de prótons em seus núcleos. Os **compostos químicos** são combinações de átomos ligados entre si, como o gás carbônico (CO_2) e o óxido de ferro (Fe_2O_3).

Nota de 100 dracmas, antiga moeda grega, com Demócrito e seu modelo atômico.

Caminho de leite

O Sistema Solar faz parte da galáxia Via Láctea, que pode ser vista em noites de céu aberto como um arco luminoso e esbranquiçado. É mais fácil localizá-la longe das cidades grandes, em lugares com menos iluminação artificial.

O nome Via Láctea vem do latim e significa "caminho de leite". A palavra galáxia tem origem muito parecida, ela vem do grego antigo e significa "círculo leitoso".

A invenção do telescópio no início do século XVII deu impulso ao desenvolvimento da astronomia. Hoje sabemos que as galáxias são gigantescos ninhos de matéria e energia espalhados pelo Universo, contendo bilhões de estrelas, planetas, asteroides, entre outras coisas.

LINHA DO TEMPO

BIG BANG
13,8 bilhões

Formação dos primeiros átomos e luz
13,7 bilhões

Formação da Via Láctea
13,6 bilhões

13 bilhões

ANOS | 13,6 bilhões | 13,4 bilhões | 13,2 bilhões | 13 bilhões | 12 bilhões | 11 bilhões | 10 bilhões

Como sabemos do que são feitas as estrelas?

Em um arco-íris, a luz do Sol é refratada e refletida através de gotículas de água e é decomposta em diferentes cores. Para se descobrir a composição química de uma estrela, o processo é muito parecido. A luz da estrela é refratada em um prisma, revelando o **espectro caraterístico**, que é como um código de barras: onde cada combinação de intervalos e cores indica um elemento químico diferente. É desse modo que sabemos que o Sol e a maioria das estrelas são compostos por hidrogênio e hélio.

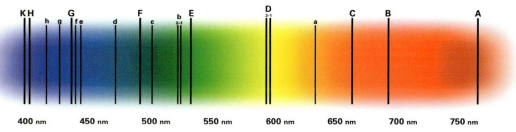

Um arco íris instantâneo!

Você pode decompor a luz do Sol refletindo-a na parede e criando seu próprio arco-íris com ajuda de um CD. Em uma sala com pouca luz solar, posicione-se abaixo da entrada de luz com o CD virado com a parte brilhante para a parede. O feixe de luz solar será refratado nas trilhas microscópicas impressas na superfície do CD se decompondo nas sete cores que conhecemos: vermelho, laranja, amarelo, verde, azul, anil e violeta.

HOJE

15

Não falta energia!

Energia é algo fácil de sentir, mas difícil de explicar com palavras. Energia é o que movimenta, aquece, transforma, une e separa substâncias.

> A energia está na luz (luminosa), no som (sonora), na mudança de temperatura (térmica), e mesmo nos processos que ocorrem em nosso corpo (química).

Nossa maior usina

A maior fonte de energia que usamos na Terra é o Sol. Praticamente toda a vida no nosso planeta depende da energia solar. Mas como o Sol produz energia? Por **fusão nuclear**! No núcleo do Sol, a pressão e a temperatura são tão altas que os átomos de hidrogênio se unem e formam átomos de hélio. Por isso dizemos que o hidrogênio é o combustível do Sol. Essa fusão libera uma quantidade enorme de energia, que nós percebemos como luz e calor. A luz e o calor do Sol podem ser transformados em energia elétrica, uma energia limpa e inesgotável!

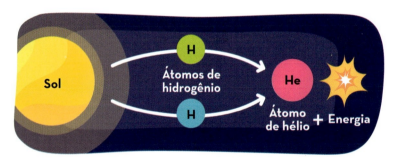

---

16 | **LINHA DO TEMPO**

BIG BANG
13,8 bilhões
ANOS | 13 bilhões | 12 bilhões | 11 bilhões | 10 bilhões | 9 bilhões

EXPERIÊNCIA 1

Dá até para cozinhar!

Que tal construir um forno solar bem simples, que vai concentrar a energia da luz e produzir calor?

Você vai precisar de:

- 1 caixa de sapatos
- 1 rolo de papel alumínio
- 1 pasta plástica em L
- Papel preto
- Tinta *spray* ou de artesanato preta
- Fita isolante preta
- Cola bastão
- 1 palito de churrasco
- Tesoura ou estilete
- Termômetro

ATENÇÃO: PEÇA AJUDA DE UM ADULTO!

Instruções

Pinte a parte interna da caixa e da tampa com a tinta preta.

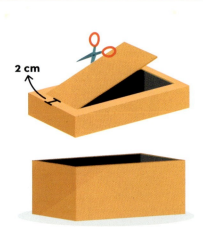

Meça uma margem de dois centímetros nas laterais da tampa e corte, deixando uma das laterais menores sem cortar.

18

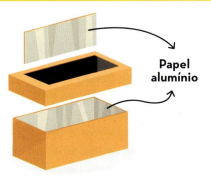

Forre a parte interna da caixa e da parte aberta da tampa com o papel alumínio.

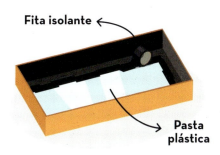

Revista o buraco da tampa com a pasta plástica, fixando-a com a fita isolante. Isso vai evitar que o calor escape.

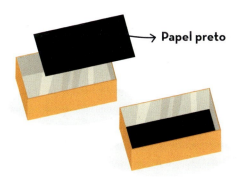

No fundo da caixa coloque o pedaço de papel preto.

Para o apoio da tampa, utilize o palito de churrasco com a fita isolante, conforme a imagem.

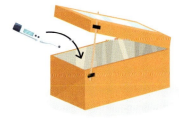

Para testar seu forno solar, coloque o termômetro dentro da caixa e leve tudo para o sol, preferencialmente do meio-dia. Certifique-se de que está numa posição para que o máximo de luz entre na caixa.

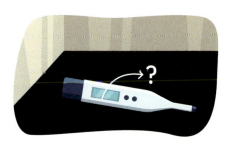

Acompanhe pelo termômetro a subida da temperatura nos próximos 10 minutos. Qual temperatura seu forno alcançou?

Uma família no espaço

O Sol se formou a partir de uma enorme nuvem de gás e poeira, concentrando em si quase toda a matéria ali disponível. Do pouco que sobrou se formaram os planetas e suas luas, os asteroides e os cometas. A energia do Sol causou a separação dos planetas em dois tipos, os **planetas rochosos** e os **planetas gasosos**.

Planetas rochosos
Os planetas Mercúrio, Vênus, Terra e Marte são compostos por materiais sólidos e densos, que resistiram a altas temperaturas em órbitas mais próximas do Sol.

Planetas gasosos
Os planetas Júpiter, Saturno, Urano e Netuno são feitos principalmente de hidrogênio, hélio e gases leves que se condensaram nas órbitas mais frias e distantes do Sol.

TERRA

MERCÚRIO

VÊNUS

SOL

Se o Sistema Solar pesasse 1 kg, o Sol pesaria 998 g e todos os planetas, luas, asteroides e cometas juntos pesariam apenas 2 g! Você pode ver essa proporção com uma balança e 1 kg de areia, faça esse teste!

---

20 | **LINHA DO TEMPO**

BIG BANG

13,8 bilhões

ANOS | 13 bilhões | 12 bilhões | 11 bilhões | 10 bilhões | 9 bilhões

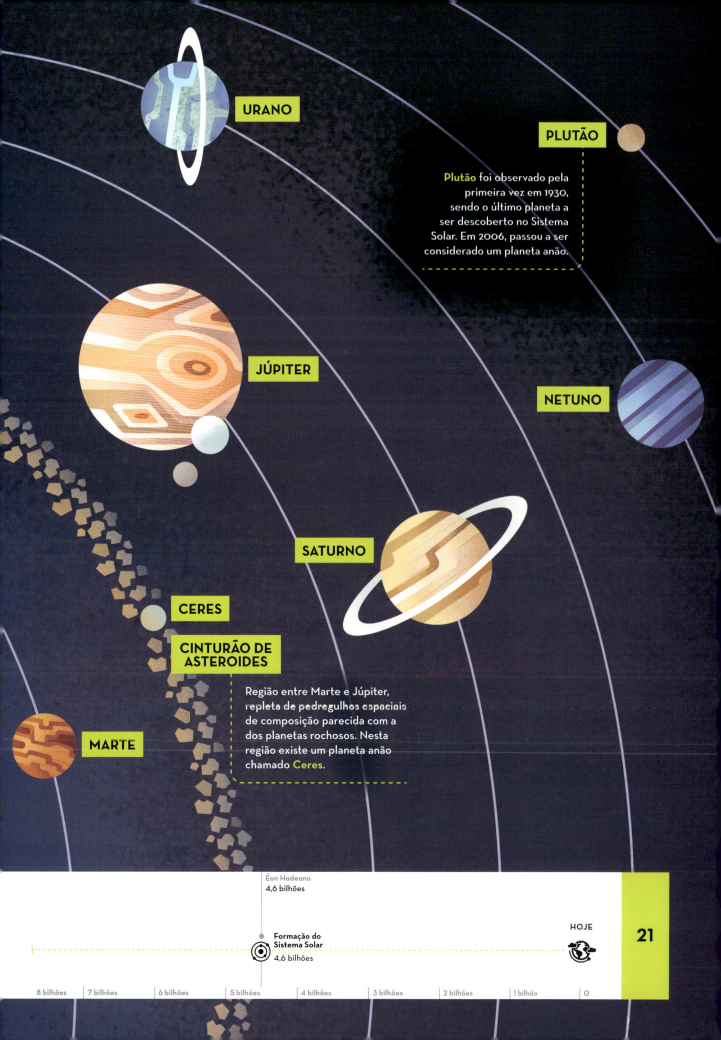

Existem alienígenas?

Os filmes de ficção científica estão cheios de *aliens*, os seres alienígenas. Mas será que existe mesmo vida fora da Terra?

Marte é um dos principais focos de pesquisa da astrobiologia. Esse planeta se parece com a Terra em vários aspectos e provavelmente já teve no passado água líquida em sua superfície, e por isso pode ter abrigado vida microscópica.

A astrobiologia é a ciência que se dedica ao estudo da vida no Universo, uma visão que vai além da vida na Terra.

A busca por evidências de vida em Marte é uma importante área da pesquisa espacial. Seus resultados poderão nos ajudar a entender a origem da vida na Terra. Já existem planos para viagens tripuladas a Marte e para a construção de bases que receberão estes astronautas por lá.

LINHA DO TEMPO

BIG BANG

13,8 bilhões

ANOS | 13 bilhões | 12 bilhões | 11 bilhões | 10 bilhões | 9 bilhões

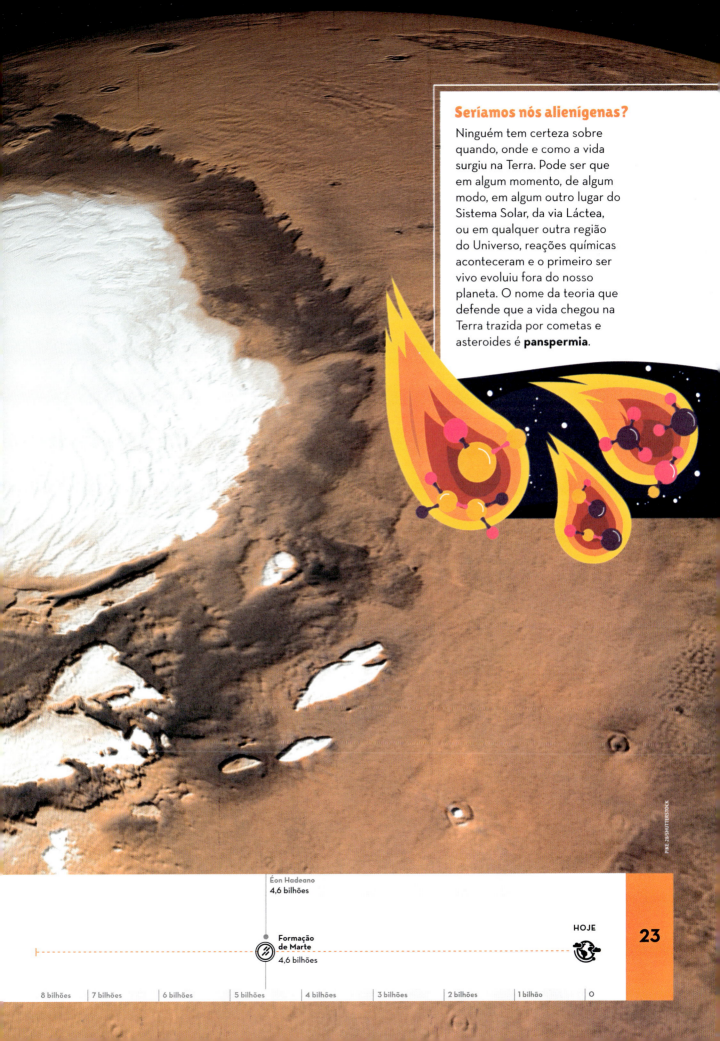

Seríamos nós alienígenas?

Ninguém tem certeza sobre quando, onde e como a vida surgiu na Terra. Pode ser que em algum momento, de algum modo, em algum outro lugar do Sistema Solar, da via Láctea, ou em qualquer outra região do Universo, reações químicas aconteceram e o primeiro ser vivo evoluiu fora do nosso planeta. O nome da teoria que defende que a vida chegou na Terra trazida por cometas e asteroides é **panspermia**.

EXPERIÊNCIA 2

Vida microscópica

Você vai descobrir como criar sua própria colônia de vida microscópica. Para essa experiência, você vai precisar de placas de Petri descartáveis, que podem ser encontradas na internet. Essa receita renderá de 20 a 30 placas.

ATENÇÃO: PEÇA AJUDA DE UM ADULTO!

Você vai precisar de:

- Placas de Petri descartáveis (20 a 30)
- Saquinhos com fecho hermético
- 4 pacotes de gelatina em pó sem sabor
- 4 cubos de caldo de carne
- 4 colheres de chá de açúcar
- 4 xícaras de água fria
- Uma panela
- Hastes flexíveis
- Marcadores permanentes
- Fita adesiva

Instruções

Adicione em uma panela a água fria, a gelatina em pó, os cubos de caldo de carne e o açúcar e deixe ferver, mexendo sempre. Desligue o fogo e deixe a mistura esfriar por 5 minutos. Apoie as placas de Petri em uma superfície horizontal e despeje a solução, completando até, no máximo, a metade.

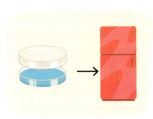

Tampe as placas, espere esfriar e coloque-as na geladeira para que a mistura se solidifique.

Esfregue diferentes hastes flexíveis em lugares da casa ou da escola, como ralo de pia, estante de livros, maçanetas e bebedouros. Você pode coletar amostras também esfregando uma haste nas mãos antes e depois de lavar com água e sabão e uma na boca antes e depois de usar enxaguante bucal, por exemplo.

Com as placas em temperatura ambiente, passe suavemente a haste na superfície da gelatina. Não coloque a amostra dentro da gelatina, apenas faça movimentos para frente e para trás como se fizesse cócegas!

Descarte as hastes, tampe a placa de Petri, selando-a com fita adesiva. Coloque uma etiqueta indicando a data e o tipo de amostra usado no experimento.

Nos próximos dias, você verá manchas aparecendo na gelatina ao longo das linhas que você riscou; são colônias de bactérias, que crescerão usando a mistura de gelatina como nutriente.

Quando se fala em vida fora da Terra, não precisamos necessariamente pensar em seres grandes como nós ou monstros, como nos filmes. A vida extraterrestre, se existir, pode ser microscópica, como a que criamos em nossos experimentos com gelatina.

25

A Terra

Quando a Terra era jovem, ela era muito mais quente do que é hoje. Isso por causa dos impactos das rochas que estavam chegando para a formação do planeta e também pelo calor produzido pelos elementos radioativos, que eram mais abundantes naquela época do que são hoje. O calor era tanto que as rochas se derreteram e o interior da Terra se dividiu em camadas de diferentes tipos de materiais. Após a separação, as rochas se solidificaram e hoje apenas o núcleo externo ainda continua no estado líquido.

O diâmetro da Terra é de 12.756 km e a espessura média dos continentes é de 60 km. Qual seria a espessura dos continentes se a Terra fosse do tamanho de uma bola de futebol, de 22 cm de diâmetro?

Resposta: 1,03mm ou 0,103cm.

A descoberta do magnetismo e a invenção da bússola possibilitaram as grandes navegações e importantes descobertas sobre o interior da Terra.

O **campo magnético terrestre** (ou magnetosfera) é produzido pelos movimentos do núcleo interno sólido e do núcleo externo líquido, devido à rotação da Terra. Ele forma um escudo que protege a Terra das partículas de alta energia emitidas pelo Sol. Sem essa proteção não haveria vida na Terra.

26 | **LINHA DO TEMPO**

BIG BANG

13,8 bilhões
ANOS | 13 bilhões | 12 bilhões | 11 bilhões | 10 bilhões | 9 bilhões

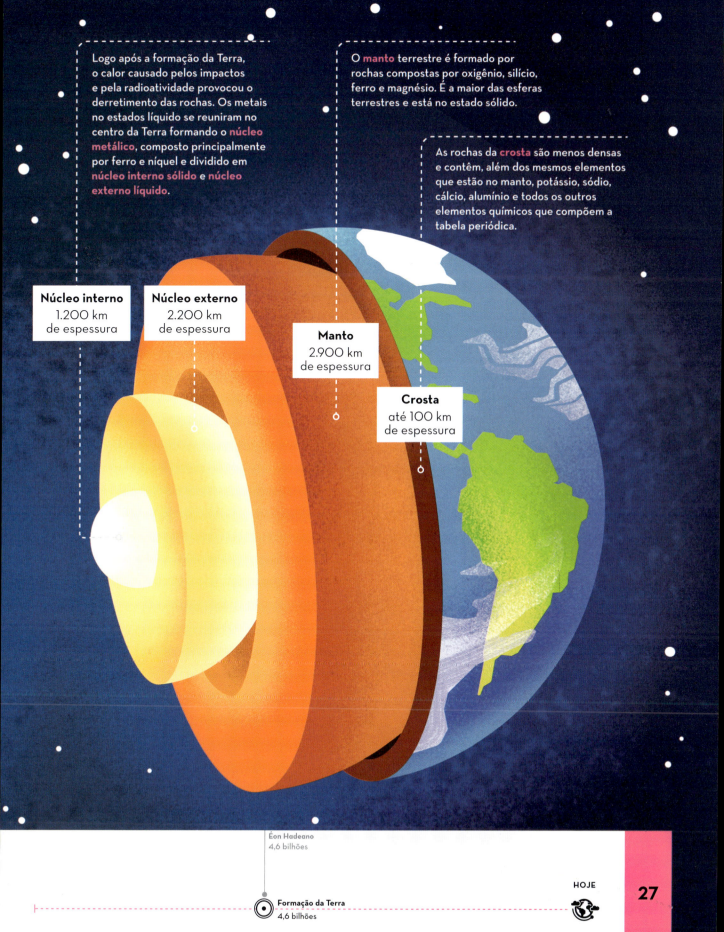

EXPERIÊNCIA 3

Densidade

As camadas internas da Terra se separaram por terem diferentes densidades. Vamos fazer uma experiência simples e interessante para entender na prática como isso acontece.

Você vai precisar de:

- 1 copo transparente
- 1 forminha de gelo
- Água para fazer o gelo
- Corante alimentício
- Óleo de soja

Instruções

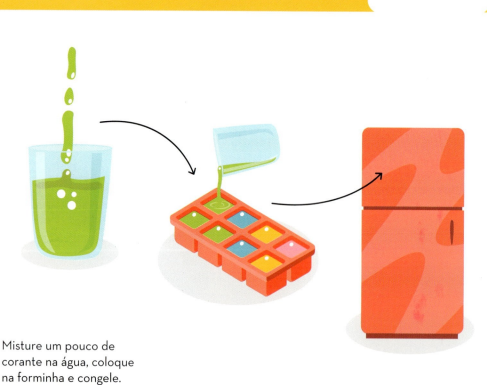

Misture um pouco de corante na água, coloque na forminha e congele.

Quando os gelos ficarem prontos, encha um copo transparente com óleo de soja e acrescente os cubos coloridos.

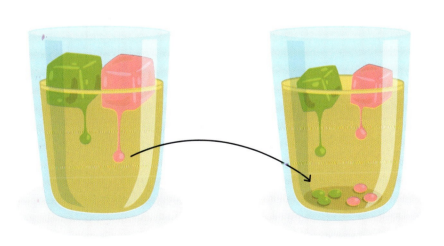

Observe o que acontece enquanto o gelo derrete.

O que podemos concluir sobre a densidade da água líquida, do gelo e do óleo de soja?

29

Um planeta vivo:

A Terra não é um ser vivo, como são as plantas, fungos e animais, mas ela é considerada um planeta vivo porque seu interior é quente e esse calor interno provoca os movimentos tectônicos e a formação de montanhas, vulcões e terremotos.

A temperatura do manto terrestre varia entre 1.000 °C e 3.700 °C, e a do núcleo chega a 5.200 °C. Não sentimos esse calor na superfície da Terra porque as rochas da crosta são isolantes térmicas.

Parte do calor interno está armazenado desde a origem da Terra, e a outra parte do calor é produzida pela radioatividade de elementos como urânio, tório e potássio.

Os vulcões são os principais canais de saída de calor do interior da Terra. Sua temperatura pode chegar a 1.200 °C. As cinzas e lavas trazem fertilidade para os solos das regiões quentes e úm

O vulcão mais antigo do mundo foi encontrado no Brasil em 2002 e fica em plena Amazônia! Esse vulcão esteve ativo há cerca de 2 bilhões de anos. Hoje ele está extinto, mas vestígios de sua cratera foram descobertos sob a floresta.

30

BIG BANG

13,8 bilhões
ANOS

6,3 bilhões

| 7,5 bilhões | 7 bilhões | 6,5 bilhões | 6 bilhões | 5,5 bilhões |

Existem vulcões também no fundo dos oceanos. Lá, eles produzem calor e nutrientes, favorecendo a vida em profundezas onde a luz do Sol não chega. O **vulcanismo submarino** é o mais ativo da Terra, as erupções ocorrem continuamente. Agora mesmo, enquanto você lê, vulcões submersos estão despejando lavas e vapores quentes no fundo dos oceanos! Os vulcões submarinos são considerados como possíveis sítios para a origem da vida na Terra.

Uma das explosões vulcânicas mais famosas da história é a do Vesúvio, que aconteceu no ano 79 d.C. e destruiu as cidades de Pompeia e Herculano, na Itália. Essas cidades foram cobertas por gases e cinzas vulcânicas com temperaturas de mais de 300 °C, uma catástrofe mortal para seus habitantes.

EXPERIÊNCIA 4

Uma pequena erupção de bagunça

Esta experiência funciona melhor em um lugar onde você possa fazer um pouco de bagunça, como numa cozinha, laboratório ou no pátio da escola. Você vai ver por quê.

Você vai precisar de:

- Um copo ou vidro de conserva pequeno
- Argila
- Água
- Vinagre
- Detergente de louça
- Bicabornato de sódio
- Corante vermelho
- Opcional: tintas guache

Instruções

Modele o vulcão com a argila, em volta do copo ou vidro de conserva.

32

Para ficar mais verossímil, utilize tintas guache nas cores marrom, vermelho e laranja quando a argila estiver seca.

Encha o recipiente de água até a metade, acrescente o corante, o detergente e o vinagre.

Despeje uma colher de sopa bem cheia de bicarbonato de sódio dentro do copo e misture rapidamente. Observe com atenção!

Via satélite

Satélites naturais são corpos celestes que giram na órbita de planetas. A Lua é o satélite natural da Terra e completa uma volta a cada 28 dias, viajando a 385 mil quilômetros de distância da Terra. A energia gravitacional da Lua equilibra o eixo de rotação da Terra, o que torna o clima mais constante e favorece a evolução da vida, além de controlar as marés, ajudando a criar ricos ecossistemas nas regiões costeiras.

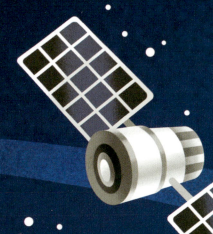

O italiano **Galileu Galilei** (1564-1642) foi um dos primeiros cientistas a usar o telescópio. Ele fez grandes descobertas em astronomia, como os anéis de Saturno e as manchas solares. Galileu também descobriu as quatro maiores luas de Júpiter (Io, Europa, Calixto, Ganimedes). Ele percebeu que essas luas giram em torno do planeta e concluiu que a Terra não é o centro do universo, como muitos acreditavam naquela época. Esta foi uma descoberta revolucionária!

LINHA DO TEMPO

BIG BANG

13,8 bilhões ANOS

9,08 bilhões | 4,72 bilhões | 4,7 bilhões | 4,68 bilhões | 4,66 bilhões

A Lua se formou a partir de um impacto colossal, o maior que a Terra sofreu em toda sua história. Quando era jovem, a Terra foi atingida por um asteroide do tamanho de Marte. O impacto produziu um disco de fragmentos que se mantiveram na órbita da Terra e que se uniram para formar a Lua.

A cada ano a **Lua** se afasta da Terra 3,8 cm. Isso pode ser medido com aparelhos próprios, mas é imperceptível para nós. No passado geológico, a Lua estava muito mais perto da Terra, quando ainda não havia pessoas para observá-la.

Satélites artificiais são objetos criados pelo ser humano e que orbitam o planeta. Os satélites servem para diversas finalidades, como telecomunicações, meteorologia, mapeamento, entre outras.

Éon Hadeano
4,6 bilhões

Formação da Terra
4,6 bilhões

Formação da Lua
4,53 bilhões

HOJE

4,5 bilhões

4,62 bilhões | 4,6 bilhões | 4,58 bilhões | 4,56 bilhões | 4,54 bilhões | 4,52 bilhões | 0

35

Infância agitada

Ainda na sua primeira infância, com apenas algumas centenas de milhões de anos, a Terra já tinha lua e, principalmente, água líquida, o material mais importante para a existência de vida. Naquela época, os impactos de meteoritos (ver na p. 40) eram muito mais fortes do que são hoje e um milhão de vezes mais frequentes. A órbita da Terra ainda estava suja, cheia de poeira e pedregulhos, resíduos do Sistema Solar em formação.

O éon **Hadeano** recebeu esse nome em lembrança a Hades, o deus que, na religião dos gregos antigos, governava o mundo subterrâneo. As rochas do Hadeano foram derretidas, amassadas, recicladas, e delas não sobrou quase nada.

As primeiras rochas formadas na superfície da Terra foram destruídas pelos impactos de meteoritos, pela deformação e pelo calor. Por isso sabemos relativamente pouco sobre a primeira infância do nosso planeta.

O material terrestre mais antigo já descoberto é um cristal do mineral zircão com 4,4 bilhões de anos de idade, encontrado na região de Jack Hills, na Austrália!

36 | **LINHA DO TEMPO**

BIG BANG

13,8 bilhões
ANOS

8,6 bilhões

5,2 bilhões | 5,1 bilhões | 5 bilhões | 4,9 bilhões | 4,8 bilhões

De onde veio a água da Terra?

Com a energia de tantos impactos, é provável que grande parte da água original, aquela presente na matéria-prima que formou nosso planeta, tenha sido perdida para o espaço. Uma parte da água que temos hoje na Terra pode ter chegado mais tarde, trazida por meteoritos e cometas; sua origem ainda é um enigma.

Éon Hadeano
4,6 bilhões

Éon Arqueano
4 bilhões

Formação da Terra
4,6 bilhões

Mineral mais antigo já encontrado
4,4 bilhões

4 bilhões

HOJE

4,7 bilhões | 4,6 bilhões | 4,5 bilhões | 4,4 bilhões | 4,3 bilhões | 4,2 bilhões | 4,1 bilhões | 0

Terra, berçário da vida

Os primeiros oceanos surgiram cerca de 150 milhões de anos após o nascimento da Terra. Moléculas essenciais para a vida evoluir, como as do gás carbônico, da água e do metano, chegavam aos oceanos de dois modos: expelidas do interior da Terra por vulcões submarinos ou trazidas no interior de cometas e asteroides.

Molécula é uma substância composta por dois ou mais elementos químicos, como o oxigênio que respiramos (O_2), o gás carbônico (CO_2) e a água (H_2O).

Com a energia do Sol, dos relâmpagos e dos vulcões submarinos, reações químicas aconteceram na sopa de moléculas orgânicas e as primeiras células vivas evoluíram nos oceanos primordiais.

LINHA DO TEMPO

BIG BANG

13,8 bilhões ANOS | 6,3 bilhões | 7,5 bilhões | 7 bilhões | 6,5 bilhões | 6 bilhões | 5,5 bilhões

Receita da vida

O mínimo esperado para um ser vivo existir é que seja capaz de produzir energia, fazer cópias de si mesmo e evoluir. Os elementos químicos mais importantes para a vida são carinhosamente chamados pelos cientistas de **CHONPS**. Essa palavra é formada pelas siglas de carbono (C), hidrogênio (H), oxigênio (O), nitrogênio (N), fósforo (P) e enxofre (S). Esses são os principais elementos químicos presentes na composição dos seres vivos mais simples que conhecemos.

Éon Hadeano
4,6 bilhões

Éon Arqueano
4 bilhões

Formação dos primeiros oceanos
4,4 bilhões

Evidências químicas mais antigas de vida
4,3 bilhões

HOJE

5 bilhões | 4,5 bilhões | 4 bilhões | 3,5 bilhões | 3 bilhões | 2,5 bilhões | 2 bilhões | 1,5 bilhão | 1 bilhão | 0

Chuva de rochas

Durante o final do éon Hadeano e início do éon Arqueano, impactos de asteroides atingiram a Terra por quase 300 milhões de anos. Conhecido como o **Intenso Bombardeio Tardio de Asteroides**, esse evento afetou boa parte da superfície terrestre.

Ainda hoje a Terra é atingida por materiais vindos do espaço, mas, em geral, apenas grãos de poeira e pedregulhos de vários tamanhos. Pequenos fragmentos nem chegam até o chão, e deixam apenas um rastro de luz enquanto se desfazem pelo atrito com a atmosfera: são os meteoros, mais conhecidos como estrelas cadentes.

Meteoritos são as pedras que sobrevivem a essa jornada e chegam até a superfície da Terra. A maioria deles vem do Cinturão de Asteroides, entre as órbitas de Marte e Júpiter. Outros meteoritos, ainda mais raros, vieram da Lua ou de Marte, e chegaram até a Terra depois de serem lançados ao espaço por impactos de asteroides.

---

40 — **LINHA DO TEMPO**

BIG BANG
13,8 bilhões
8,8 bilhões

Éon Hadeano
4,6 bilhões

Intenso Bombardeio Tardio de Asteroides
4,1–3,8 bilhões

Éon Arqueano
4 bilhões

ANOS | 5 bilhões | 4,5 bilhões | 4 bilhões

Os maiores impactos de asteroides formam crateras na crosta terrestre. Seus efeitos podem ser catastróficos, como *tsunamis*, terremotos e até mudanças climáticas. Felizmente, os grandes impactos são muito raros e não há nenhum previsto para um futuro próximo!

Em uma noite de céu bem limpo, com a Lua Nova, longe das luzes da cidade e com bastante calma, é possível observar várias "estrelas cadentes". Nos períodos chamados de "chuvas de meteoros", esses fenômenos são mais comuns, quando a Terra atravessa regiões mais ricas em detritos espaciais.

Rochas bacterianas

Enquanto a superfície da Terra era fortemente afetada pelo bombardeio de asteroides, a vida nos oceanos sobreviveu e deixou muitas marcas.

Rochas do início do éon Arqueano guardam sinais de bactérias que viviam nos mares rasos e bem iluminados. Chamadas de **estromatólitos**, essas camadas se formavam enquanto os filamentos bacterianos cresciam em busca da luz solar.

Os **estromatólitos** ainda estão em formação em algumas praias da Austrália e das Bahamas. No Brasil, estromatólitos podem ser vistos na Lagoa Salgada, na cidade de Campos, no Rio de Janeiro. Eles são os únicos ainda vivos na América do Sul.

Estromatólitos na Austrália.

42 LINHA DO TEMPO

BIG BANG

13,8 bilhões

| ANOS | 8,8 bilhões | 5 bilhões | Éon Hadeano 4,6 bilhões / 4,5 bilhões | Éon Arqueano 4 bilhões |

A maravilhosa fotossíntese

Cerca de 3,4 bilhões de anos atrás, as bactérias desenvolveram um modo de conseguir energia: a **fotossíntese**! Isso mudou para sempre a história da vida e da Terra. Com a energia da luz solar, **cianobactérias** — as bactérias capazes de fazer esse processo — transformavam moléculas de água e gás carbônico em açúcares que lhes serviam de alimento. Assim, muita matéria orgânica e oxigênio passaram a ser acumulados nos oceanos.

Fósseis de bactérias mais antigos já encontrados
3,5 bilhões

Origem da fotossíntese
3,4 bilhões

HOJE

3,5 bilhões — 3 bilhões — 2,5 bilhões — 2 bilhões — 0

Gigantes em movimento

Os continentes e os fundos dos oceanos são divididos em grandes placas que se movem lentamente, de forma quase imperceptível, com velocidades de apenas alguns milímetros ou centímetros por ano.

Essas peças se encaixam!

Alfred Wegener (1880-1930) foi um dos primeiros cientistas a perceber que os continentes se movem pela superfície da Terra. Ele notou que seus contornos se encaixam como peças de um quebra-cabeças, como no caso da América do Sul e da África.

Wegener propôs sua teoria em 1913, mas ela não foi bem recebida pelos cientistas daquela época. Apenas a partir de 1960 o movimento dos continentes foi cientificamente comprovado e descobriu-se que ele é causado pelo movimento das rochas do interior da Terra.

- PLACA NORTE-AMERICANA
- PLACA CARIBENHA
- PLACA DE COCOS
- PLACA DO PACÍFICO
- PLACA SUL-AMERICANA
- PLACA DE NAZCA
- PLACA DE SCOTIA

---

44 | **LINHA DO TEMPO**

BIG BANG
13,8 bilhões
8,8 bilhões

Éon Hadeano
4,6 bilhões

Formação da Terra
4,6 bilhões

Éon Arqueano
4 bilhões

2,5 bilhões

ANOS | 5 bilhões | 4,5 bilhões | 4 bilhões | 3,5 bilhões | 3 bilhões

Oxigenação

O éon Proterozoico se iniciou há 2,5 bilhões de anos com o **Grande Evento de Oxigenação**, o GEO. Com o aumento da população de cianobactérias fazendo fotossíntese oxigênica nas águas do jovem planeta Terra, os níveis de oxigênio se elevaram e provocaram profundas mudanças nos oceanos.

PROVÁVEL EVOLUÇÃO DA FOTOSSÍNTESE OXIGÊNICA

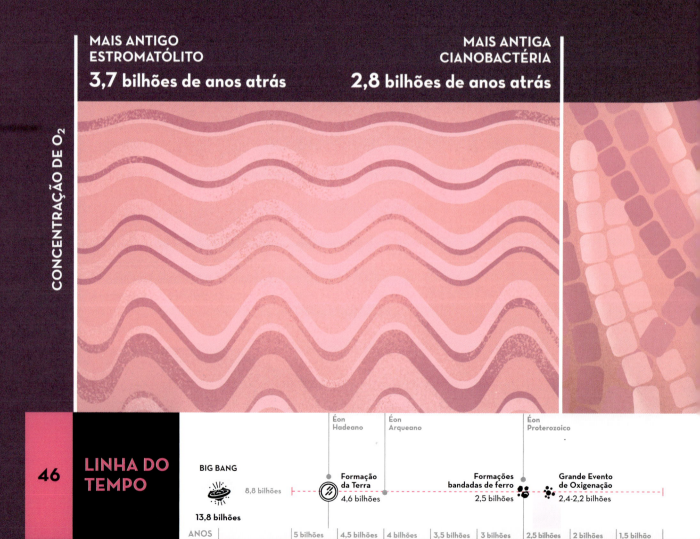

MAIS ANTIGO ESTROMATÓLITO
3,7 bilhões de anos atrás

MAIS ANTIGA CIANOBACTÉRIA
2,8 bilhões de anos atrás

CONCENTRAÇÃO DE O_2

46 LINHA DO TEMPO

BIG BANG — 13,8 bilhões — 8,8 bilhões

Éon Hadeano — Formação da Terra — 4,6 bilhões

Éon Arqueano — Formações bandadas de ferro — 2,5 bilhões

Éon Proterozoico — Grande Evento de Oxigenação — 2,4-2,2 bilhões

ANOS | 5 bilhões | 4,5 bilhões | 4 bilhões | 3,5 bilhões | 3 bilhões | 2,5 bilhões | 2 bilhões | 1,5 bilhão

Ferro, pra que te quero?

Outro destino do oxigênio durante o GEO foi se combinar com o ferro expelido pelos vulcões submarinos e que permanecia dissolvido nos oceanos. O óxido de ferro originado se precipitou no fundo dos mares e esses sedimentos deram origem a rochas com camadas escuras, ricas em ferro, chamadas de **Formações Bandadas de Ferro**. Assim se formaram a maioria das jazidas de ferro do mundo, incluindo as brasileiras na Serra dos Carajás, no Pará, e no Quadrilátero Ferrífero, em Minas Gerais.

As faixas escuras desta formação representam camadas mais ricas em ferro.

GRANDE EVENTO DE OXIGENAÇÃO
2,4 bilhões de anos atrás

A primeira grande extinção

Nem todos os seres vivos suportam a presença do oxigênio molecular (O_2). Na verdade, para algumas bactérias, as **anaeróbicas**, ele pode ser venenoso, e com o aumento desse elemento nas águas elas foram as vítimas da primeira grande extinção durante o GEO. As bactérias anaeróbicas podem respirar gás carbônico (CO_2), o ferro III (Fe_{3+}), o enxofre (SO) ou mesmo o urânio IV (U_{4+}).

Éon Fanerozoico

HOJE

47

200 milhões | 500 milhões

800 milhões | 700 milhões | 600 milhões | 0

A Terra bola de neve

Durante o éon Proterozoico, o oxigênio provocou outras três grandes mudanças: no clima, na atmosfera e na vida. Com menos ferro nos oceanos, o oxigênio escapou das águas para a atmosfera, onde encontrou e oxidou o metano, um poderoso gás do **efeito estufa**, assim chamado por aprisionar o calor, aumentando a temperatura da atmosfera como no interior de uma estufa de plantas.

Como o oxigênio desfez o metano, o efeito estufa enfraqueceu, causando o esfriamento radical do clima. Uma glaciação cobriu os continentes e oceanos com neve e gelo por quase 300 milhões de anos.

$$CH_4 + 2O_2 = CO_2 + 2H_2O$$
metano + oxigênio = gás carbônico + água

A vida bacteriana sobreviveu próxima das regiões vulcânicas marinhas onde as camadas de gelo eram mais finas e a luz solar iluminava as águas ricas em microrganismos.

A camada de ozônio, o filtro solar da Terra

O oxigênio que chegou na alta atmosfera foi bombardeado pelos **raios ultravioleta** vindos do Sol. Como resultado, novas reações químicas passaram a acontecer e um novo gás começou a acumular na atmosfera: o **ozônio**.

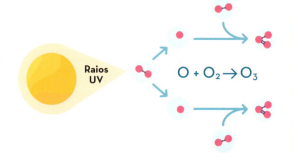

Raios UV

$$O + O_2 \rightarrow O_3$$

---

48 | **LINHA DO TEMPO**

Éon Hadeano | Éon Arqueano

BIG BANG

13,8 bilhões
8,8 bilhões

Origem da camada de ozônio
2,4 bilhões

Glaciação Huroniana
2,4–2,1 bilhões
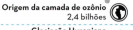

ANOS | 5 bilhões | 4,5 bilhões | 4 bilhões | 3,5 bilhões | 3 bilhões | 2,5 bilhões

Como funciona o efeito estufa natural

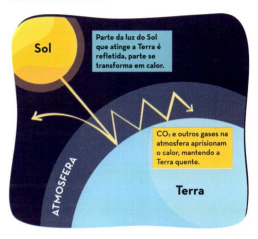

O clima também esfriou porque quanto mais clara uma superfície, mais luz solar é refletida de volta ao espaço. Essa capacidade de reflexão é chamada de **albedo**. Com 98% da superfície coberta com neve e geleiras praticamente brancas, o albedo da Antártica é um grande regulador do clima da Terra.

Com os continentes e oceanos cobertos com neve e gelo, a Terra parecia condenada ao frio eterno. Mas o interior da Terra estava quente e ativo. Vulcões em atividade por toda parte expeliram CO_2 durante milhões de anos. Com mais CO_2 na atmosfera, o efeito estufa aumentou e o clima esquentou derretendo a neve e as geleiras. Adeus bola de neve!

Para entender o albedo, você pode fazer a seguinte experiência: coloque um termômetro sobre uma folha de papel branco e leve ao sol. Anote as temperaturas após 5, 10 e 15 minutos. Depois, faça o mesmo com uma folha de papel preto. Compare as temperaturas marcadas: elas são iguais?

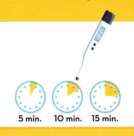

A árvore da vida

Através dos éons Hadeano, Arqueano e Proterozoico, por quase 3,5 bilhões de anos, a vida se separou em três grandes ramos na árvore da vida: Bactérias, Arqueas e Eucariontes. Tudo que é vivo está nesta árvore, o que nos mostra que todos os seres descendem de um ancestral comum.

Hoje entendemos muito bem os seres vivos, mas a evolução do primeiro organismo é ainda um dos maiores mistérios que a ciência tenta desvendar. Embora nunca encontrado, os cientistas imaginam que um organismo muito simples, o qual chamam de **LUCA** (do inglês *last universal common ancestor*), seja o "último ancestral comum universal" de toda a vida conhecida.

LUCA
o ancestral comum

DOMÍNIO BACTERIA

Bactérias são microrganismos unicelulares sem um núcleo celular. Elas podem ser esféricas, cilíndricas ou espiraladas. Algumas bactérias podem causar doenças, mas a grande maioria das espécies é fundamental para a existência de todos os outros organismos vivos, incluindo as plantas, os fungos e os animais.

DOMÍNIO ARCHEA

Embora não possuam um núcleo celular, **arqueas** não são bactérias, mas células sem núcleo, com genes e metabolismo mais parecidos com o dos eucariontes.

Em nosso corpo vivem mais de 100 trilhões de bactérias e arqueas, um número muito maior do que o de células que nos compõem, cerca de 30 trilhões. Sem elas, a vida de plantas, fungos e animais não existiria.

---

50 | LINHA DO TEMPO

		Éon Hadeano	Éon Arqueano	
BIG BANG		Sinal mais antigo de vida 4,3 bilhões	Primeiras bactérias e arqueas 3,7-3,5 bilhões	Glaciação Terra Bola de Neve Huroniana 2,4-2,1 bilhões
13,8 bilhões	8,8 bilhões			

ANOS — 5 bilhões — 4,5 bilhões — 4 bilhões — 3,5 bilhões — 3 bilhões — 2,5 bilhões

As **plantas** surgiram há cerca de 1,5 bilhão de anos e incluem desde algas verdes microscópicas e unicelulares até árvores gigantes que chegam a centenas de toneladas. As plantas são autotróficas, ou seja, produzem seu próprio alimento, por meio da fotossíntese. Elas também possuem, além da membrana celular, uma parede celular rígida extra feita de celulose.

REINO PLANTEA

Fungos são organismos decompositores e heterotróficos, isto é, que absorvem seu alimento de outros organismos. Eles podem ser unicelulares ou multicelulares e possuem uma parede celular com quitina, substância presente também nos animais. Assim como as plantas, os primeiros fungos evoluíram nos oceanos proterozoicos há cerca de 1,5 bilhão de anos.

Os fungos respiram oxigênio e são os principais organismos capazes de decompor a lignina, uma proteína existente nos troncos e nas cascas das árvores. Os fungos devolvem ao solo os nutrientes que as florestas precisam para crescer e, sem eles, a superfície terrestre ficaria entulhada com restos vegetais mortos, e as florestas logo desapareceriam.

Mais de 80 tipos de fungos estão agora mesmo vivendo em seu corpo. A maioria das espécies é benéfica, mas algumas podem causar doenças, como micoses.

REINO FUNGI

REINO ANIMALIA

DOMÍNIO EUKARYA

O aumento da quantidade de oxigênio dissolvido nas águas a partir do GEO permitiu que células maiores e mais complexas evoluíssem 2 bilhões de anos atrás. Isso aconteceu através da endossimbiose, isto é, da união de bactérias e arqueas. Assim, nasceram células maiores com um núcleo, as células **eucariontes**.

Eocyathispongia qiania, fóssil do animal mais antigo conhecido.

O Reino *Animalia*, onde estão todos os **animais**, foi o último a evoluir. Os primeiros animais foram as esponjas, que evoluíram há cerca de 700 milhões de anos, entre duas glaciações do tipo Terra bola de neve ocorridas no final do éon Proterozoico.

Éon Proterozoico | Éon Fanerozoico

- Origem dos eucariontes — 2,1-1,9 bilhões
- Origem das plantas e dos fungos — 1,5-1,3 bilhão
- 200 milhões
- Glaciação Terra Bola de Neve Sturtiana — 717-670 milhões
- Origem dos animais — 700 milhões
- Glaciação Terra Bola de Neve Marinoana — 654-632 milhões
- 500 milhões
- HOJE

2 bilhões | 1,5 bilhão | 800 milhões | 700 milhões | 600 milhões | 0

51

Os misteriosos seres ediacaranos

Entre 717 e 632 milhões de anos atrás, no final do Éon Proterozoico, duas glaciações do tipo Terra bola de neve novamente congelaram a superfície dos continentes e oceanos. Com o derretimento do gelo e a chegada de nutrientes aos oceanos, as cianobactérias liberaram para as águas e para a atmosfera uma grande quantidade de oxigênio, disparando um novo pulso de diversidade. A vida finalmente deixou de ser microscópica. Os organismos unicelulares se uniram como seres multicelulares, dando origem aos seres ediacaranos e aos animais.

As criaturas que surgiram eram tão estranhas que os paleontólogos ainda tentam compreendê-las. Sem esqueletos ou carapaças, mas apenas tecidos moles, só as conhecemos pelas marcas que deixaram nas rochas.

Os seres ediacaranos já foram descobertos em todos os continentes, exceto na Antártica. Foi um experimento da vida que aparentemente não deu certo, pois todas as espécies logo foram extintas.

LINHA DO TEMPO

52

BIG BANG

13,8 bilhões

10,2 bilhões

Éon Arqueano | Éon Proterozoico

Glaciação Terra Bola de Neve Huroniana
2,4-2,1 bilhões

200 milhões

ANOS | 3 bilhões | 2 bilhões | 1 bilhão

A *Corumbella werneri* foi um ser ediacarano que viveu no Brasil 550 milhões de anos atrás. Seus fósseis foram encontrados no Mato Grosso do Sul e Minas Gerais. Ela é um dos mais antigos animais com um esqueleto rígido e um dos mais antigos ancestrais dos animais bilatérios, aqueles que diferente das esponjas e medusas, possuem lados direito e esquerdo.

Já pensaram de tudo sobre essas criaturas, mas ainda não sabem que tipo de organismos eram. Até um novo reino já pensaram: Vendobionta.

Impressões de organismos deixadas nas rochas são chamadas de **icnofósseis**. Sem elas jamais saberíamos da existência dos fascinantes seres ediacaranos. Para criar seus icnofósseis, forme discos de argila ou massinha e pressione materiais como conchinhas ou folhas de formato interessante. Você pode também fazer icnofósseis de outros objetos de formatos inesperados e perguntar para os colegas e familiares que espécie nova é essa que você descobriu!

Éon Fanerozoico

Glaciações Terra Bola de Neve Sturtiana e Marinoana
717-632 milhões

Existência dos seres ediacaranos
580-539 milhões

Presença da *Corumbella werneri*
550 milhões

500 milhões

HOJE

800 milhões — 700 milhões — 600 milhões — 0

53

A explosão Cambriana

Com mais oxigênio nos oceanos no período Cambriano, os animais puderam crescer e construir carapaças rígidas. Por isso, eram mais facilmente fossilizados. A explosão Cambriana foi um tempo de grande criatividade biológica e aumento das chances de fossilização.

Na explosão Cambriana as águas ficaram repletas de novas linhagens. Em todo o mundo, fósseis de 36 **filos** animais apareceram repentinamente nas rochas.

Filo é uma categoria abaixo de Reino e acima de Classe, usada na classificação dos diferentes grupos de animais. O caramujo de jardim, por exemplo, pertence ao Reino Animalia, Filo Mollusca, Classe Gastropoda.

54 LINHA DO TEMPO

Éon Proterozoico
Era Neo-proterozoico

Éon Fanerozoico
Era Paleozóica
Período Cambriano

BIG BANG
13,2 bilhões
13,8 bilhões

Explosão Cambriana
535-505 milhões

ANOS — 600 milhões — 550 milhões — 500 milhões

A extinção das criaturas ediacaranas deixou o fundo dos mares praticamente vazios. Os poucos e minúsculos animais que existiam aproveitaram para explorar os ambientes desocupados com novos estilos de vida, incluindo a vida dentro da lama.

Com novos tipos de animais, teve início uma verdadeira corrida armamentista. Predadores desenvolveram garras, tentáculos, pinças, olhos e dentículos, mas as presas reagiram inventando modos de se proteger: carapaças, conchas, espinhos, venenos etc. Esse também foi um dos motivos do aumento da biodiversidade durante o período Cambriano.

Terra firme

A explosão Cambriana aconteceu ao longo de 30 milhões de anos no início do éon Fanerozoico, um tempo em que os fósseis se tornaram comuns nas rochas. Se no período Cambriano os animais ocuparam o fundo dos oceanos, foi durante os períodos Ordoviciano e Siluriano que eles aprenderam a nadar e a dar os primeiros passos fora da água.

Foi também no período Siluriano que as plantas, confinadas há 1 bilhão de anos nas águas, se arriscaram em terra firme. Mesmo sem raízes, folhas ou sementes, elas colonizaram as margens úmidas dos continentes entre 430 e 390 milhões de anos atrás. As plantas do gênero **Cooksonia** são as mais antigas plantas terrestres. Na extremidade de seus ramos existiam sacos contendo esporos para sua reprodução.

Fóssil de *Cooksonia pertoni* com 430 milhões de anos de idade.

---

56 LINHA DO TEMPO

Éon Proterozoico
Era Neo-proterozoico

Éon Fanerozoico
Era Paleozóica
Período Cambriano

BIG BANG
13,2 bilhões

13,8 bilhões

Primeiras plantas terrestres
480–390 milhões

ANOS | 600 milhões | 550 milhões | 500 milhões

Com alimento vegetal em terra firme, alguns animais experimentaram a vida fora da água. O primeiro foi o *Pneumodesmus newmani*, um artrópode diplópode, com corpo dividido em anéis, com dois pares de patas em cada anel.

A evolução da mandíbula transformou os oceanos porque, em vez de apenas filtrar o alimento como faziam os primeiros peixes, das novas linhagens evoluíram grandes caçadores.

As primeiras florestas

As plantas que migraram para terra seca transformaram para sempre a superfície dos continentes. No período Devoniano evoluíram raízes, troncos, folhas e sementes.

As primeiras sementes apareceram no final do período Devoniano. Capazes de resistir a períodos mais secos e ser levadas para longe pelo vento, ajudaram as plantas a conquistar o interior dos continentes.

Uma glaciação no final desse período provocou a extinção da maioria dos peixes com nadadeiras lobadas. Por outro lado, os peixes de nadadeiras raiadas se diversificaram porque as águas dos rios, lagos e oceanos estavam fertilizadas com nutrientes pela ação das plantas nos continentes.

Uma linhagem de peixes de nadadeiras lobadas sobrevivente iniciou uma aventura de sucesso fora da água. Quando os dedos evoluíram nas patas do *Acanthostega*, os peixes finalmente deram origem aos tetrápodes.

58 | LINHA DO TEMPO

BIG BANG

13,2 bilhões
13,8 bilhões

ANOS | 600 milhões | 550 milhões | 500 milhões | 450 milhões

Éon Proterozoico — Era Neo-proterozóico
Éon Fanerozoico — Era Paleozóica
Período Cambriano | Período Ordoviciano | Período Siluriano

Nos continentes onde havia apenas rochas, uma espessa camada de solo começou a reter a água, dando origem a lagos e rios. As regiões tropicais foram ocupadas por florestas com árvores que chegavam a 30 metros de altura, como as *Archaeopteris*.

O período Devoniano também é conhecido como Idade dos Peixes. Com as águas fertilizadas pelos nutrientes produzidos pelas plantas nos continentes, novas linhagens de peixes evoluíram nos rios, lagos e oceanos.

Já com pulmões, pescoço, quatro membros com dedos e costelas, outro tetrápode, o *Ichthyostega*, deu seus primeiros passos fora da água em busca de segurança, abrigo e alimento.

| Período Devoniano | Período Carbonífero | Período Permiano | Era Mesozoica Período Triássico | | |

Idade dos Peixes
419-359 milhões

Origem dos tetrápodes
385 milhões

400 milhões — 350 milhões — 300 milhões — 250 milhões — 200 milhões — HOJE — 0

Um novo mundo oxigenado

No período Carbonífero, imensas florestas pantanosas cresceram nas regiões tropicais. Mais uma vez a vida teve que se ajustar às mudanças da atmosfera e uma nova revolução animal aconteceu nos continentes.

Com a fotossíntese, as árvores liberavam oxigênio para a atmosfera e retiravam o gás carbônico. Com as florestas soterradas nas bacias pantanosas, foram armazenadas nas rochas imensas quantidades de CO_2, o que provocou a queda do efeito estufa.

Escondidas dos microorganismos no interior das rochas, a matéria vegetal não consumia oxigênio na sua decomposição, o que causou a subida do oxigênio na atmosfera.

LINHA DO TEMPO

BIG BANG
13,8 bilhões

13,2 bilhões

Éon Proterozoico — Era Neo-proterozoico
Éon Fanerozoico — Era Paleozóica
Período Cambriano | Período Ordoviciano | Período Siluriano

ANOS | 600 milhões | 550 milhões | 500 milhões | 450 milhões

Muito oxigênio também permitiu que os primeiros répteis produzissem ovos com casca, que depositavam em terra firme. Foi assim que nasceram os **amniotas**, animais tetrápodes que podiam se reproduzir fora da água. Ainda hoje, muitos animais, mamíferos como o ornitorrinco e a equidnas, e a maioria dos répteis, como as tartarugas, cobras e lagartos, jacarés, e todas as aves põem ovos com casca.

Se hoje a porcentagem de oxigênio na atmosfera é de 21%, neste período chegou a 35%! Com tanto oxigênio no ar, animais gigantes, como libélulas de 70 cm e centopeias de 2 m de comprimento, evoluíram nas florestas do mundo.

| Período Devoniano | Período Carbonífero | Período Permiano | Era Mesozoica Período Triássico | HOJE |

Origem do ovo com casca
350 milhões

Existência de animais gigantes
350–250 milhões

400 milhões | 350 milhões | 300 milhões | 250 milhões | 200 milhões | 0

Carvão mineral

Com a morte e soterramento das árvores nas florestas devonianas e carboníferas, grandes depósitos de matéria vegetal se formaram. Com o tempo, o ataque de bactérias, e o aumento da pressão e da temperatura provocaram muitas alterações químicas na matéria vegetal. A lignina que restou, muito compacta, deu origem às grandes jazidas de carvão mineral, utilizado hoje como combustível fóssil.

Gondwana e sua glaciação

Com o efeito estufa enfraquecido, uma glaciação se instalou no Hemisfério Sul, nos continentes atuais que formavam o supercontinente Gondwana. Existem nas regiões sul e sudeste do Brasil rochas de origem glacial desse período.

Durante os períodos Devoniano e Carbonífero, o território brasileiro estava localizado em uma região mais fria, onde quase nenhuma floresta se desenvolvia. Por isso, não temos por aqui grandes depósitos de carvão mineral, apenas pequenas jazidas em Santa Catarina e no Rio Grande do Sul.

O carvão mineral já era usado na China cerca de 3000 anos atrás, mas foi durante as Revoluções Industriais (1760-1840 e 1880-1923) que o carvão mineral foi usado em grande escala pela indústria na Europa e na América do Norte. O uso do carvão desde sempre provocou problemas: a morte de milhares de mineiros e, mais recentemente, a grande emissão de gases do efeito estufa.

A queima de combustíveis fósseis, como o petróleo e o carvão, emite grandes quantidades de gás carbônico (CO_2) de volta para a atmosfera, o que provoca o aumento do efeito estufa e o consequente aquecimento global.

Embora chamado de carvão mineral, restos de vegetais fossilizados há milhões de anos tiveram origem biológica. São chamados de mineral porque, uma vez incorporados às rochas sedimentares, são extraídos em trabalhosos processos de mineração.

Grandes extinções

Cinco extinções em massa dizimaram a vida das plantas e animais durante o éon Fanerozoico. Longos episódios vulcânicos, impacto de grandes asteroides, glaciações, subidas e descidas no nível dos oceanos, ou mesmo a explosão de uma estrela próxima, provocaram mudanças que levaram muitos organismos à extinção.

No final do Ordoviciano, uma forte glaciação provocou a extinção de 86% das espécies marinhas. A Terra esfriou devido à retirada do dióxido de carbono da atmosfera pelas primeiras plantas terrestres. Com o acúmulo de gelo nos continentes, o nível do mar caiu provocando a morte de animais que viviam nas regiões litorâneas.

Outras extinções podem ter sido causadas por emissões de raios gama, ondas eletromagnéticas produzidas pela fusão nuclear de uma estrela que explodiu nas proximidades do Sistema Solar. Esses raios destroem a camada de ozônio e, sem proteção contra os raios ultravioleta, causam a morte dos animais e das plantas.

Atualmente, cientistas já confirmaram que muitas espécies estão desaparecendo devido às mudanças climáticas provocadas pela ação do homem, e que por isso já vivemos um período que pode ser chamado de sexta extinção em massa. Você vai ver mais sobre esse tempo ao final do livro, no capítulo "Humanos, uma nova força geológica: o Antropoceno".

LINHA DO TEMPO

Éon Proterozoico — Era Neo-proterozoico
Éon Fanerozoico — Era Paleozóica
Período Cambriano | Período Ordoviciano | Período Siluriano | Período Devoniano

BIG BANG
13,8 bilhões
13,2 bilhões

Primeira grande extinção
445–440 milhões

Segunda grande extinção
372 milhões

ANOS | 600 milhões | 550 milhões | 500 milhões | 450 milhões | 400 milhões

Uma cratera no Brasil

Duas foram as causas principais da terceira e maior extinção de vida aquática e terrestre: o impacto de um asteroide no hemisfério sul do supercontinente Pangeia, onde hoje fica o Brasil, e um forte vulcanismo no hemisfério norte, onde hoje fica a Sibéria. Esses dois eventos fizeram com que trilhões de toneladas de gases do efeito estufa fossem lançados para a atmosfera, provocando um superaquecimento do clima.

Antes da grande extinção, os continentes eram dominados por grandes animais sinápsidos, caçadores como o *Pampaphoneus biccai* que viveu no Brasil no Período Permiano. Com a extinção dos sinápsidos no final da era Paleozoica, os ancestrais dos dinossauros e dos mamíferos prosperaram em uma nova era.

		Éon Proterozoico	Éon Fanerozoico			
		Era Neo-proterozoico	Era Paleozóica			
			Período Cambriano	Período Ordoviciano	Período Siluriano	Período Devoniano

66 LINHA DO TEMPO

BIG BANG 13,2 bilhões

13,8 bilhões
ANOS   600 milhões   550 milhões   500 milhões   450 milhões   400 milhões

Primeira grande extinção
445–440 milhões

Segunda grande extinção
372 milhões

A era Mesozoica e a vida em expansão

A era Mesozoica é dividida em três períodos: Triássico, Jurássico e Cretáceo, e foi marcada pelo surgimento de muitas formas de vida gigantes, pequenas, velozes, lentas, terrestres, voadoras e aquáticas que provocaram uma grande revolução dos ecossistemas.

Cerca de 1.500 espécies fósseis de dinossauros são conhecidas em todo o mundo, mas é possível que muitos milhares tenham existido durante a era Mesozoica.

Fósseis dos dinossauros mais antigos do mundo foram encontrados no Brasil, em rochas do Rio Grande do Sul com 233 milhões de anos de idade.

O brasileiro *Staurikosaurus pricei* é o dinossauro mais antigo do mundo.

A origem das flores

As flores evoluíram na era Mesozoica. Suas cores, perfumes, pólen, néctar e frutos conquistaram muitos animais, em parcerias que perduram até os dias de hoje. Existem atualmente 400 mil espécies de plantas com flores e são elas que alimentam praticamente todos os organismos que vivem nos continentes.

Porana oeningen, uma flor fossilizada encontrada na Alemanha

LINHA DO TEMPO

BIG BANG

13,8 bilhões

13,5 bilhões

Éon Fanerozoico
Era Paleozóica — Era Mesozoica
Período Permiano — Período Triássico

Evolução dos répteis arcossauros
240-233 milhões

Fóssil de dinossauro mais antigo
233 milhões

ANOS | 300 milhões | 250 milhões | 200 milhões

Os répteis também aprenderam a voar! *Tupandactylus*, um pterossauro, era um gigante nos céus do Brasil 115 milhões de anos atrás, com 5 metros de uma ponta à outra das asas.

Cerca de 54 espécies de dinossauros são conhecidas no Brasil. O maior deles, o *Uberabatitan*, chegava a 26 metros de comprimento, o tamanho de uma quadra de basquete. Ele viveu cerca de 70 milhões de anos atrás, onde hoje fica Minas Gerais.

O impacto de um grande asteroide marcou o final do período Cretáceo e da era Mesozoica. Com 10 km de diâmetro, pesando 1 trilhão de toneladas, o asteroide caiu em cheio onde hoje fica o Golfo do México. Todos os grandes animais marinhos e terrestres desapareceram. *Tsunamis*, terremotos, mas principalmente a escuridão e o frio causado pelos detritos lançados para a atmosfera, provocaram a morte de animais e plantas em todo o mundo.

Os répteis invadiram o mar e gigantes ictossauros, como o *Shastasaurus*, chegavam ao tamanho de uma baleia. Viveu no período Triássico, há 210 milhões de anos.

Gigantes plesiossauros, como o *Elasmossaurus* do final do Período Cretáceo, chegavam a 14 metros de comprimento.

Período Jurássico | Período Cretáceo | Era Cenozoica / Período Paleógeno | HOJE

Origem das flores — 145 milhões
Impacto do asteroide — 65,5 milhões

150 milhões | 100 milhões | 50 milhões | 0

69

Dinossauros emplumados

As penas evoluíram nos dinossauros como um revestimento para evitar a perda de calor do corpo, como camuflagem e ornamento, e só mais tarde foram utilizadas para planar e voar. As penas das aves são uma herança de seus ancestrais dinossauros não voadores!

Hoje é possível saber as cores dos dinossauros, mas apenas daqueles que tiveram suas penas preservadas. *Sinosauropteryx* foi o primeiro dinossauro a ter suas cores verdadeiras conhecidas.

As primeiras descobertas de dinossauros emplumados ocorreram na década de 1990 em rochas na China. Desde então, muitos fósseis foram encontrados em várias regiões do mundo com as penas fossilizadas ao lado do esqueleto.

Fóssil de *Sinosauropteryx*, descoberto província chinesa de Liaoning.

Éon Fanerozoico
Era Paleozóica | Era Mesozoica
Período Permiano | Período Triássico

BIG BANG — 13,5 bilhões
13,8 bilhões

Evolução dos répteis arcossauros — 240-233 milhões

Fóssil de dinossauro mais antigo — 233 milhões

ANOS | 300 milhões | 250 milhões | 200 milhões

Chegou a vez dos mamíferos

Os primeiros mamíferos surgiram ainda no período Triássico, pouco depois dos primeiros dinossauros, cerca de 225 milhões de anos atrás. No entanto, foi somente 160 milhões de anos mais tarde, com a extinção dos dinossauros, que os pequenos mamíferos puderam expandir sua diversidade para além dos esconderijos e da vida noturna que tinham. Cerca de 27 diferentes linhagens evoluíram durante a era Cenozoica e ocupam hoje todos os biomas continentais e marinhos.

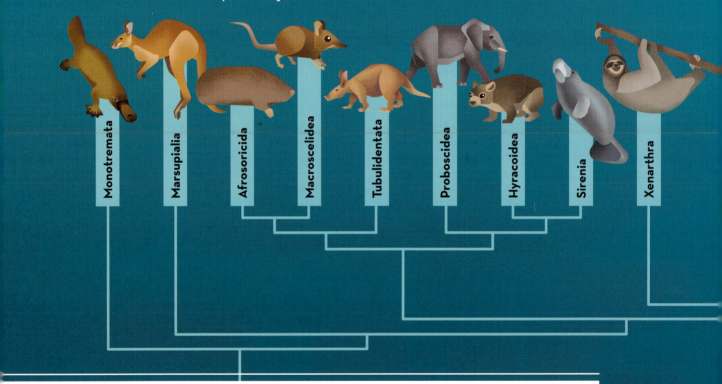

O fóssil de um mamífero mais antigo foi encontrado no Brasil, em rochas do Rio Grande do Sul, com 225 milhões de anos. Chamado de *Brasilodon quadrangularis*, ele media 12 cm de comprimento e pesava apenas 20 gramas.

LINHA DO TEMPO

72

Éon Fanerozoico
Era Paleozóica — Era Mesozoica
Período Permiano — Período Triássico

BIG BANG
13,8 bilhões

13,5 bilhões

Origem dos mamíferos
225 milhões

ANOS | 300 milhões | 250 milhões | 200 milhões

Mamíferos nas águas!

Com a extinção dos grandes répteis aquáticos, os mamíferos conquistaram os rios, lagos e oceanos da nova era Cenozoica. Essa transição demorou 15 milhões de anos. Entre 53 e 40 milhões de anos, dos pequenos animais terrestres que passaram a viver na água, nasceram os primeiros cetáceos.

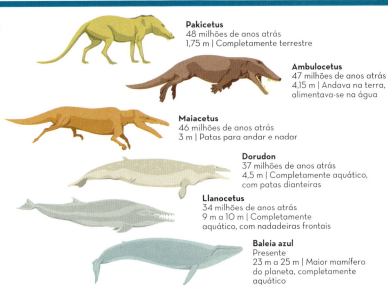

Pakicetus
48 milhões de anos atrás
1,75 m | Completamente terrestre

Ambulocetus
47 milhões de anos atrás
4,15 m | Andava na terra, alimentava-se na água

Maiacetus
46 milhões de anos atrás
3 m | Patas para andar e nadar

Dorudon
37 milhões de anos atrás
4,5 m | Completamente aquático, com patas dianteiras

Llanocetus
34 milhões de anos atrás
9 m a 10 m | Completamente aquático, com nadadeiras frontais

Baleia azul
Presente
23 m a 25 m | Maior mamífero do planeta, completamente aquático

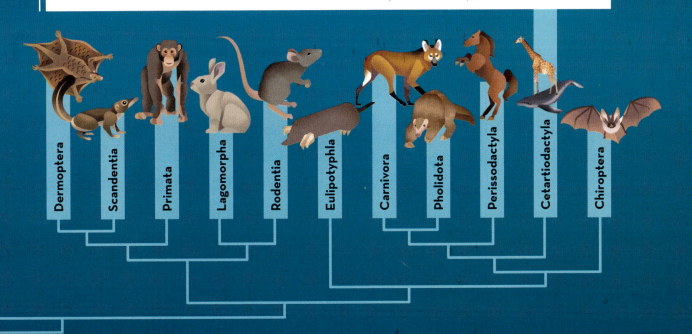

Gigantes terrestres!

Em terra, sem os dinossauros, os mamíferos também puderam crescer. O *Paraceratherium* foi o maior mamífero que já existiu nos continentes. Ele chegava a cinco metros de altura. Parente dos rinocerontes, viveu 30 milhões de anos atrás na Ásia e na Europa.

| Período Jurássico | Período Cretáceo | Era Cenozoica — Período Paleógeno | HOJE |

- Impacto do asteroide — 65,5 milhões
- Expansão dos mamíferos — 65,5 milhões
- Evolução dos cetáceos — 53-40 milhões

150 milhões — 100 milhões — 50 milhões — 0

A grande troca de faunas

Entre 7 e 4 milhões de anos atrás, uma ponte de rochas vulcânicas formada entre as Américas do Norte e do Sul permitiu uma grande troca de faunas entre os continentes. Foi assim que cavalos, lobos, ursos, mastodontes, lhamas, felinos e antas chegaram à América do Sul.

Gigantes pela própria natureza

Mamíferos gigantes viveram no Brasil até cerca de 10 mil anos atrás. Muitos foram extintos devido às mudanças climáticas ocorridas com o fim da era glacial. Fósseis de preguiças, tatus, toxodontes e tigres-dente-de-sabre são encontrados em cavernas e poços naturais por todo o Brasil.

ROMAN UCHYTEL/SCIENCE PHOTO LIBRARY/FOTOARENA

LINHA DO TEMPO

74

Éon Fanerozoico
Era Paleozóica | Era Cenozoica
Período Permiano | Período Paleógeno

BIG BANG

13,7 bilhões

13,8 bilhões
ANOS | 70 milhões | 60 milhões | 50 milhões

Primos primatas

O fóssil do primata mais antigo foi encontrado na América do Norte em rochas com 66 milhões de anos. Desde então, por toda a era Cenozoica, os primatas se espalharam por todos os continentes, onde evoluíram como lêmures, macacos do Novo e do Velho Mundo e grandes antropoides, como gorilas e orangotangos.

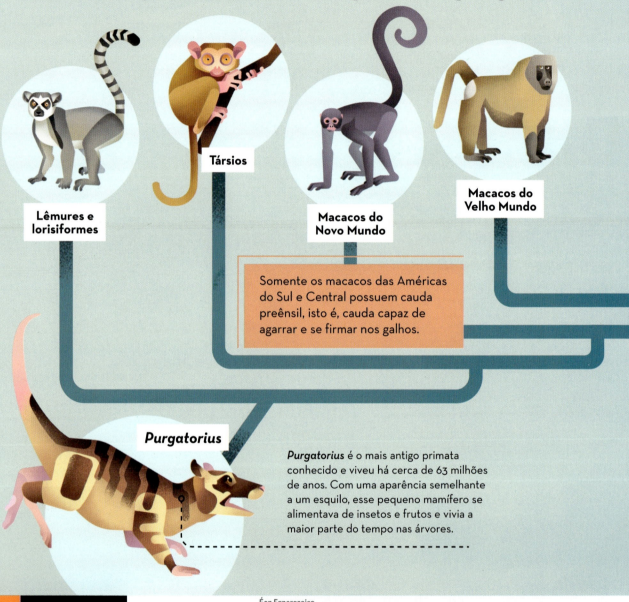

Lêmures e lorisiformes

Társios

Macacos do Novo Mundo

Macacos do Velho Mundo

Somente os macacos das Américas do Sul e Central possuem cauda preênsil, isto é, cauda capaz de agarrar e se firmar nos galhos.

Purgatorius

Purgatorius é o mais antigo primata conhecido e viveu há cerca de 63 milhões de anos. Com uma aparência semelhante a um esquilo, esse pequeno mamífero se alimentava de insetos e frutos e vivia a maior parte do tempo nas árvores.

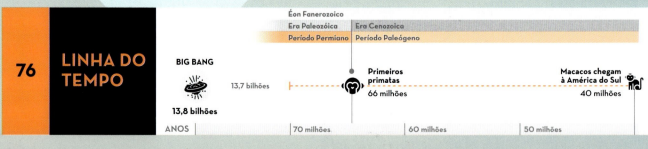

LINHA DO TEMPO

Éon Fanerozoico
Era Paleozóica | Era Cenozoica
Período Permiano | Período Paleógeno

BIG BANG — 13,7 bilhões
13,8 bilhões
Primeiros primatas — 66 milhões
Macacos chegam à América do Sul — 40 milhões

ANOS | 70 milhões | 60 milhões | 50 milhões

Navegar é preciso

Os primatas podem ter chegado à América do Sul vindos da África em balsas naturais, cruzando o ainda jovem oceano Atlântico. Leia sobre essa fascinante teoria aqui:

 https://mod.lk/pribalsa. Acesso em: 31 jul. 2024.

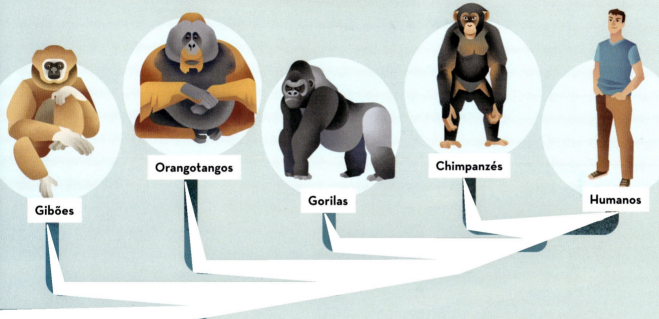

Gibões · Orangotangos · Gorilas · Chimpanzés · Humanos

Das 27 ordens de mamíferos, Primata é a quarta com maior número de espécies: 518.

Com mãos e pés capazes de agarrar, dedos com unhas em vez de garras, braços com amplos movimentos, visão binocular de alta precisão e um cerebelo maior que os capacitou a uma vida social mais complexa, os primatas tornaram-se animais de grande sucesso.

40 milhões | 30 milhões | 20 milhões | 10 milhões | 1 milhão | 0 | HOJE

Homem primata

Desde que o primeiro primata passou a andar ereto há cerca de 7 milhões de anos, uma série de novidades culminaram com a evolução da nossa espécie na África, o *Homo sapiens*. As principais mudanças foram andar com apenas os dois pés, ter os braços e as mãos livres para manipular objetos e o crescimento do cérebro.

HOJE

1 MILHÃO DE ANOS ATRÁS

Australopithecus sediba

Australopithecus garhi

2 MILHÕES DE ANOS ATRÁS

3 MILHÕES DE ANOS ATRÁS

Australopithecus afarensis

Australopithecus africanus

4 MILHÕES DE ANOS ATRÁS

GÊNERO AUSTRALOPITHECUS

Australopithecus anamensis

5 MILHÕES DE ANOS ATRÁS

6 MILHÃO DE ANOS ATRÁS

FOTOS DE CRÂNIOS: © DIDIER DESCOUENS/CC BY-SA 4.0/WIKIMEDIA FOUNDATION, INC., © SVET FOTO/SHUTTERSTOCK, © ATTIE GERBER/ISTOCKPHOTO/GETTY IMAGES, © JUAN AUNION/SHUTTERSTOCK - MUSEU ARQUEOLÓGICO NACIONAL DE MADRI, © BRETT ELOFF/CC BY-SA 2.0/WIKIMEDIA FOUNDATION, INC., © JOHN HAWKS/EMMA GROENEVELD/CC BY 4.0/WIKIMEDIA FOUNDATION, INC., © GUNNAR CREUTZ/CC BY-SA 4.0/WIKIMEDIA FOUNDATION, INC. - MUSEU DE HISTÓRIA NATURAL DE GOTEMBURGO, SUÉCIA, © DEA PICTURE LIBRARY/GETTY IMAGES, © WLAD74/ISTOCKPHOTO/GETTY IMAGES, © DANNY YE/SHUTTERSTOCK, © DNDAVIS/SHUTTERSTOCK, © DADEROT/CC0 1.0 UNIVERSAL/WIKIMEDIA FOUNDATION, INC., © MICHAEL NICHOLSON/CORBIS/GETTY IMAGES, © PAUL HUDSON/CC BY 2.0/FLICKR, © YISELAAT/CC BY-SA 4.0/ WIKIMEDIA FOUNDATION, INC. - MUSEU NACIONAL DE NAIRÓBI, QUÊNIA, © DADEROT/CC0 1.0 UNIVERSAL/WIKIMEDIA FOUNDATION, INC. - MUSEU DE HISTÓRIA NATURAL DE FREIBURG, ALEMANHA

---

78 | **LINHA DO TEMPO**

BIG BANG 13,2 bilhões

Primeiras ferramentas de pedra lascada 3,3 milhões

13,8 bilhões

ANOS | 3,5 milhões | 3 milhões | 2,5 milhões

Cerca de 3,3 milhões de anos atrás aparecem as mais antigas ferramentas de pedra lascada feitas por *Australopithecus*, e há cerca de 1 milhão de anos o *Homo erectus* já usava o fogo para cozinhar os alimentos.

Os fósseis mais antigos do *Homo sapiens* têm 300 mil anos. Eles foram descobertos no Marrocos e ajudaram os paleontólogos a entender que a evolução do *Homo sapiens* ocorreu 100 mil anos antes do que se pensava.

Homo sapiens

Homo erectus

Homo neanderthalensis

GÊNERO HOMO

Paranthropus robustus

Homo floresiensis

Homo heidelbergensis

Homo rudolfensis

Paranthropus boisei

Homo naledi

Homo habilis

Paranthropus aethiopicus

Ardipithecus ramidus

GÊNERO PARANTHROPUS

Ardipithecus kadabba

Orrorin tugenensis

GÊNERO ARDIPITHECUS

Sahelanthropus tchadensis

Origem do *Homo erectus* 1,9 milhão		*Homo erectus* já usava o fogo 1 milhão	Origem do *Homo sapiens* 300 mil	HOJE
2 milhões	1,5 milhão	1 milhão	500 mil	0

79

Homo viajantis

O *Homo sapiens* tentou diversas vezes deixar a África em busca de lugares melhores para viver. Seus fósseis mais antigos encontrados fora desse continente foram descobertos em Israel e têm 177 mil de idade. No entanto, foi somente entre 60 mil e 70 mil anos atrás, durante um longo período de seca, que o *Homo sapiens* teve sucesso e migrou definitivamente da África para a Ásia e de lá para todos os cantos da Terra.

45 mil a 35 mil anos atrás

45 mil a 35 mil anos atrás

70 mil anos atrás

3.500 nos atrás

60 mil a 50 mil anos atrás

65 mil anos atrás

Um dos sítios arqueológicos mais antigos do Brasil fica no **Parque Nacional da Serra da Capivara**, no Piauí. Lá existem milhares de pinturas rupestres com 12 mil anos. Elas retratam os hábitos, a cultura, os animais e as plantas que conviveram com os primeiros habitantes da América do Sul.

LINHA DO TEMPO

BIG BANG — 13,7 bilhões — 13,8 bilhões

Fósseis mais antigos do *Homo sapiens* — 300 mil

170 mil

ANOS | 400 mil | 300 mil | 200 mil

Humanos, uma nova força geológica: o Antropoceno

Holoceno é a época geológica iniciada há 11.700 anos e na qual estamos hoje. A partir de 1950, as ações humanas como a produção de alimentos, a construção de cidades e a queima de combustíveis fósseis passaram a ser tão intensas que têm afetado os processos geológicos na superfície terrestre.

Houve um grande debate recente sobre a criação de uma nova época geológica, o **Antropoceno** (derivado da palavra grega "anthropo", ser humano), marcada pela influência humana nos sistemas naturais e pelo aquecimento global causado pela humanidade. Em 2024 foi decidido que o Antropoceno não tem as características necessárias para ser uma época geológica, mas sim um grande evento global.

Os cientistas do futuro identificarão nas rochas que estão sendo formadas hoje sinais evidentes da atividade humana, como a presença de materiais plásticos e outros resíduos, as mudanças climáticas, a elevação do nível dos oceanos e a extinção de espécies de animais e plantas. Seja o Antropoceno classificado como época ou evento geológico, o efeito das atividades humanas sobre os processos naturais é indiscutível.

Uma herança universal

Você completou a longa viagem no tempo desde o Big Bang até esse tempo de mudanças climáticas em que vivemos. No início do livro, sugerimos que você anotasse os eventos que considerasse mais importantes para criar a sua linha do tempo. Quais eventos você achou importante anotar? Como ficou a sua linha do tempo?

Essa viagem de 13,8 bilhões de anos foi possível porque astrônomos, geólogos, paleontólogos e muito outros cientistas aprenderam a ler os sinais enviados pelas estrelas ou deixados nas rochas há bilhões de anos.

A ciência é a maior invenção da cultura humana. Tudo o que ela tem nos revelado ao longo dos séculos mostra que a vida é o maior e mais extraordinário fenômeno conhecido no Universo.

A ciência também nos mostra que a Terra é o único local conhecido onde a vida se desenvolveu. Sua geologia, impulsionada há bilhões de anos pelo imenso reservatório de calor em seu interior, preservou em sua superfície uma atmosfera, oceanos e continentes que ofereceram à vida a oportunidade de evoluir e se tornar complexa.

É essa a razão por que hoje estamos aqui, e é esse o motivo pelo qual devemos aprender a conviver com toda a herança geológica e biológica que a Terra construiu ao longo de 4,5 bilhões de anos.

A Terra merece cuidado

Para evitar que mudanças radicais no clima aconteçam, nós, *Homo sapiens*, precisamos mudar nosso estilo de vida. Podemos começar fazendo o seguinte:

1. Reduzir a queima de combustíveis fósseis.
2. Preservar todas as florestas do mundo.
3. Diminuir a taxa de crescimento da população mundial.
4. Reconectar nossa vida com o mundo natural.

83

Sobre os autores

Luiz Eduardo Anelli é professor do Instituto de Geociências da Universidade de São Paulo (USP). É autor de diversos livros sobre a pré-história brasileira, em especial, sobre a vida dos dinossauros. Em parceria com a Moderna, escreveu os livros *Almanaque dos dinossauros*, *Na cozinha com os dinossauros* e *O segredo das nuvens*, com Celina Bodenmüller. Em 2018, foi vencedor do Prêmio Jabuti de Literatura InfantoJuvenil. Siga o autor nas redes sociais: @anelliluiz

Fábio Ramos Dias de Andrade é geólogo e professor do Instituto de Geociências da Universidade de São Paulo (USP), nas áreas de mineralogia e geoquímica. Suas pesquisas abrangem rochas vulcânicas, pedras preciosas, materiais de construção e outros aspectos da mineralogia pura e aplicada.

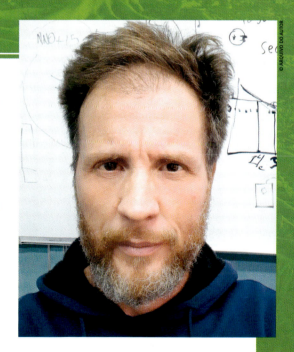

Sobre a ilustradora

Ana Kozuki é formanda do curso de Ilustração na Quanta Academia de Artes e atual estudante do curso de Ciências Biológicas no Centro Universitário Internacional (UNINTER). Busca representar em seu trabalho, de forma única, as diferentes cores e texturas presentes na fauna e flora do nosso planeta. No livro *Almanaque da Terra e da Vida* pôde explorar formas cativantes de gigantes famosos como os dinossauros até as menores bactérias e criar ilustrações de encher os olhos. Redes sociais: @ana_kozuki